MW00622376

LA CARICIA PERDIDA

ALFONSINA STORNI (Suiza, 1892 – Mar del Plata, Argentina, 1938) es una de las más grandes poetas del continente sudamericano. Nacida en Suiza, vivió desde muy niña en Argentina, donde murió arrojándose al mar. Dotada de una exquisita sensibilidad y de un temperamento depresivo, plasmó en su poesía la intensa lucha interior, librada a lo largo de su vida, entre el ideal de justicia y nobleza que, a su entender, debía regir la vida de los seres humanos, y la realidad mediocre y poco grata que la rodeaba. Seriamente preocupada por las desigualdades sociales, su talante marcadamente rebelde asoma en sus primeros libros de poemas: *La inquietud del rosal* (1916), *El dulce año* (1918) e *Irremediablemente* (1919). *Ocre* (1925), poemario considerado su obra maestra en opinión de la crítica especializada, y que gira en torno al sentimiento de fracaso ante el amor y la vida, inicia su segunda etapa poética, caracterizada por el abandono de las formas poéticas modernistas y el acercamiento a una estética basada en el uso de elementos simbólicos: *El mundo de siete pozos* (1934) y *Mascarilla y trébol* (1938). Menos musical, y acaso menos intimista, marcada por la voluntad reflexiva y por el impacto de las nuevas vanguardias, la última etapa poética de Alfonsina Storni es una muestra de una inquietud creativa que busca renovarse constantemente. Poesía de una intensa humanidad, está siempre presente en ella el indignado sentir de la autora frente a la injusta situación de la mujer en una sociedad regida por hombres.

LA CARICIA PERDIDA

ALFONSINA STORNI

Selección de Esther Tusquets

POESÍA
PORTÁTIL

SÁBADO

Me levanté temprano y anduve descalza
por los corredores; bajé a los jardines
y besé las plantas;
absorbí los vahos limpios de la tierra,
tirada en la grama;
me bañé en la fuente que verdes achiras
circundan. Más tarde, mojados de agua,
peiné mis cabellos. Perfumé las manos
con zumo oloroso de diamelas. Garzas
quisquillosas, finas,
de mi falda hurtaron doradas migajas.
Luego puse traje de clarín más leve
que la misma gasa.
De un salto ligero llevé hasta el vestíbulo
mi sillón de paja.
Fijos en la verja mis ojos quedaron,
fijos en la verja.
El reloj me dijo: diez de la mañana.
Adentro, un sonido de loza y cristales:

comedor en sombra; manos que aprestaban
manteles.

      Afuera sol como no he visto
sobre el mármol blanco de la escalinata.
Fijos en la verja siguieron mis ojos,
fijos. Te esperaba.

CAPRICHO

Escrútame los ojos, sorpréndeme la boca,
sujeta entre tus manos esta cabeza loca,
dame a beber veneno, el malvado veneno
que te moja los labios a pesar de ser bueno.

Pero no me preguntes, no me preguntes nada
de por qué lloré tanto en la noche pasada;
las mujeres lloramos sin saber, porque sí:
es esto de los llantos pasaje baladí.

Bien se ve que tenemos adentro un mar oculto,
un mar un poco torpe, ligeramente estulto,
que se asoma a los ojos con bastante frecuencia
y hasta lo manejamos con una dúctil ciencia.

No preguntes, amado, lo debes sospechar;
en la noche pasada no estaba quieto el mar.
Nada más. Tempestades que las trae y las lleva
un viento que nos marca cada vez costa nueva.

Si, vanas mariposas sobre jardín de enero,
nuestro interior es todo sin equilibrio y huero.
Luz de cristalería, fruto de carnaval
decorado en escamas de serpientes del mal.

Así somos, ¿no es cierto? Ya lo dijo el poeta:
movilidad absurda de inconsciente coqueta,
deseamos y gustamos la miel de cada copa
y en el cerebro habemos un poquito de estopa.

Bien; no, no me preguntes. Torpeza de mujer,
capricho, amado mío, capricho debe ser.
Oh, déjame que ría… ¿No ves qué tarde hermosa?
Espínate las manos y córtame esa rosa.

TU DULZURA

Camino lentamente por la senda de acacias,
me perfuman las manos sus pétalos de nieve,
mis cabellos se inquietan bajo céfiro leve
y el alma es como espuma de las aristocracias.

Genio bueno: este día conmigo te congracias,
apenas un suspiro me torna entera y breve…
¿Voy a volar acaso ya que el alma se mueve?
En mis pies cobran alas y danzan las Tres Gracias.

Es que anoche tus manos, en mis manos de fuego,
dieron tantas dulzuras a mi sangre, que luego
llenóseme la boca de mieles perfumadas.

Tan frescas que en la limpia madrugada de estío
mucho temo volverme corriendo al caserío
prendidas en los labios mariposas doradas.

EL LLAMADO

Es noche, tal silencio
que si Dios parpadeara
lo oyera. Yo paseo.
En la selva, mis plantas
pisan la hierba fresca
que salpica rocío.
Las estrellas me hablan,
y me beso los dedos,
finos de luna blanca.

De pronto soy herida…
Y el corazón se para,
se enroscan mis cabellos
mis espaldas se agrandan;
oh, mis dedos florecen,
mis miembros echan alas,
voy a morir ahogada
por luces y fragancias…

Es que en medio a la selva
tu voz dulce me llama…

VIAJE FINIDO

¿Qué hacen tus ojos largos de mirarme?
¿Qué hace tu lengua, de llamarme, larga?
¿Qué hacen tus manos largas de tenderse
    hasta mis llamas?

¿Qué hace tu sombra larga tras mi sombra?
¿Por qué rondas mi casa?
En el beso de ayer hice mi viaje.
    Conozco tu alma.

¿Para qué más? He terminado el viaje.
Tus catacumbas inundadas de aguas
muertas, oscuras, cenagosas, fueron
  con mis manos palpadas.

Tus manos ni se acerquen a las mías,
apártame tus ojos, tus palabras…
Los mohos de tus zócalos secaron
    raíces de mis plantas.

Odio tus ojos largos.
Odio tus manos largas.
Odio tus catacumbas
llenas de agua.

TÚ ME QUIERES BLANCA

Tú me quieres alba,
me quieres de espumas,
me quieres de nácar.
Que sea azucena
sobre todas, casta.
De perfume tenue.
Corola cerrada.

Ni un rayo de luna
filtrado me haya.
Ni una margarita
se diga mi hermana.
Tú me quieres nívea,
tú me quieres blanca,
tú me quieres alba.

Tú que hubiste todas
las copas a mano,
de frutos y mieles

los labios morados.
Tú que en el banquete
cubierto de pámpanos
dejaste las carnes
festejando a Baco.
Tú que en los jardines
negros del Engaño
vestido de rojo
corriste al Estrago.
Tú que el esqueleto
conservas intacto
no sé todavía
por cuáles milagros,
me pretendes blanca
(Dios te lo perdone),
me pretendes casta
(Dios te lo perdone),
¡me pretendes alba!

Huye hacia los bosques;
vete a la montaña;
límpiate la boca;
vive en las cabañas;
toca con las manos
la tierra mojada;
alimenta el cuerpo

con raíz amarga;
bebe de las rocas;
duerme sobre escarcha;
renueva tejidos
con salitre y agua;
habla con los pájaros
y lévate al alba.
Y cuando las carnes
te sean tornadas,
y cuando hayas puesto
en ellas el alma
que por las alcobas
se quedó enredada,
entonces, buen hombre,
preténdeme blanca,
preténdeme nívea,
preténdeme casta.

¿QUÉ DIRÍA?

¿Qué diría la gente, recortada y vacía,
si en un día fortuito, por ultrafantasía,
me tiñera el cabello de plateado y violeta,
usara peplo griego, cambiara la peineta
por cintillo de flores: miosotis o jazmines,
cantara por las calles al compás de violines,
o dijera mis versos recorriendo las plazas,
libertado mi gusto de vulgares mordazas?

¿Irían a mirarme cubriendo las aceras?
¿Me quemarían como quemaron hechiceras?
¿Campanas tocarían para llamar a misa?

En verdad que pensarlo me da un poco de risa.

TENTACIÓN

Afuera llueve; cae pesadamente el agua
que las gentes esquivan bajo abierto paragua.
Al verlos enfilados se acaba mi sosiego,
me pesan las paredes y me seduce el riego
sobre la espalda libre. Mi antecesor, el hombre
que habitaba cavernas desprovisto de nombre,
se ha venido esta noche a tentarme sin duda,
porque, casta y desnuda,
me iría por los campos bajo la lluvia fina,
la cabellera alada como una golondrina.

CUADRADOS Y ÁNGULOS

Casas enfiladas, casas enfiladas,
casas enfiladas.
Cuadrados, cuadrados, cuadrados.
Casas enfiladas.
Las gentes ya tienen el alma cuadrada,
ideas en fila
y ángulo en la espalda.
Yo misma he vertido ayer una lágrima,
Dios mío, cuadrada.

SILENCIO

Un día estaré muerta, blanca como la nieve,
dulce como los sueños en la tarde que llueve.

Un día estaré muerta, fría como la piedra,
quieta como el olvido, triste como la hiedra.

Un día habré logrado el sueño vespertino,
el sueño bien amado donde acaba el camino.

Un día habré dormido con un sueño tan largo
que ni tus besos puedan avivar el letargo.

Un día estaré sola, como está la montaña
entre el largo desierto y la mar que la baña.

Será una tarde llena de dulzuras celestes,
con pájaros que callan, con tréboles agrestes.

La primavera, rosa, como un labio de infante,
entrará por las puertas con su aliento fragante.

La primavera rosa me pondrá en las mejillas
—¡la primavera rosa!— dos rosas amarillas...

La primavera dulce, la que me puso rosas
encarnadas y blancas en las manos sedosas.

La primavera dulce que me enseñara a amarte,
la primavera misma que me ayudó a lograrte.

¡Oh la tarde postrera que imagino yo muerta
como ciudad en ruinas, milenaria y desierta!

¡Oh la tarde como esos silencios de laguna
amarillos y quietos bajo el rayo de luna!

¡Oh la tarde embriagada de armonía perfecta:
cuán amarga es la vida! ¡Y la muerte qué recta!

La muerte justiciera que nos lleva al olvido
como al pájaro errante lo acogen en el nido...

Y caerá en mis pupilas una luz bienhechora,
la luz azul celeste de la última hora.

Una luz tamizada que bajando del cielo
me pondrá en las pupilas la dulzura de un velo.

Una luz tamizada que ha de cubrirme toda
con su velo impalpable como un velo de boda.

Una luz que en el alma musitará despacio:
la vida es una cueva, la muerte es el espacio.

Y que ha de deshacerme en calma lenta y suma
como en la playa de oro se deshace la espuma.

. . . .

Oh, silencio, silencio... esta tarde es la tarde
en que la sangre mía ya no corre ni arde.

Oh, silencio, silencio... en torno de mi cama
tu boca bien amada dulcemente me llama.

Oh silencio, silencio que tus besos sin ecos
se pierden en mi alma temblorosos y secos.

Oh silencio, silencio que la tarde se alarga
y pone sus tristezas en tu lágrima amarga.

Oh silencio, silencio que se callan las aves,
se adormecen las flores, se detienen las naves.

Oh silencio, silencio que una estrella ha caído
dulcemente a la tierra, dulcemente y sin ruido.

Oh silencio, silencio que la noche se allega
y en mi lecho se esconde, susurra, gime y ruega.

Oh silencio, silencio… que el Silencio me toca
y me apaga los ojos, y me apaga la boca.

Oh silencio, silencio… que la calma destilan
mis manos cuyos dedos lentamente se afilan…

MIEDO

Aquí, sobre tu pecho, tengo miedo de todo;
estréchame en tus brazos como una golondrina,
y dime la palabra, la palabra divina
que encuentre en mis oídos dulcísimo acomodo.

Háblame amor, arrúllame, dame el mejor apodo,
besa mis pobres manos, acaricia la fina
mata de mis cabellos, y olvidaré, mezquina,
que soy, oh cielo eterno, sólo un poco de lodo.

¡Es tan mala la vida! ¡Andan sueltas las fieras!…
Oh, no he tenido nunca las bellas primaveras
que tienen las mujeres cuando todo lo ignoran.

En tus brazos, amado, quiero soñar en ellos,
mientras tus manos blancas suavizan mis cabellos,
mientras mis labios besan, mientras mis ojos lloran.

OYE...

Yo seré a tu lado silencio, silencio,
perfume, perfume, no sabré pensar,
no tendré palabras, no tendré deseos,
sólo sabré amar.

Cuando el agua caiga monótona y triste
buscaré tu pecho para acurrucar
este peso enorme que llevo en el alma
y no sé explicar.

Te pediré entonces tu lástima, amado,
para que mis ojos se den a llorar
silenciosamente, como el agua cae
sobre la ciudad.

Y una noche triste, cuando no me quieras,
secaré los ojos y me iré a bogar
por los mares negros que tiene la muerte,
para nunca más.

PESO ANCESTRAL

Tú me dijiste: no lloró mi padre;
tú me dijiste: no lloró mi abuelo;
no han llorado los hombres de mi raza,
eran de acero.

Así diciendo te brotó una lágrima
y me cayó en la boca… más veneno:
yo no he bebido nunca en otro vaso
así pequeño.

Débil mujer, pobre mujer que entiende,
dolor de siglos conocí al beberlo:
oh, el alma mía soportar no puede
todo su peso.

EL HOMBRE SOMBRÍO

Altivo ese que pasa, miradlo al hombre mío.
En sus manos se advierten orígenes preclaros,
no le miréis la boca porque podéis quemaros,
no le miréis los ojos, pues moriréis de frío.

Cuando va por los llanos tiembla el cauce del río,
las sombras de los bosques se convierten en claros,
y al cruzarlos, soberbio, jugueteando a disparos,
las fieras se acurrucan bajo su aire sombrío.

Ama a muchas mujeres, no domina su suerte;
en una primavera lo alcanzará la muerte
coronado de pámpanos, entre vinos y fruta.

Mas mi mano de amiga, que destrona sus galas,
donde aceros tenía le mueve un brote de alas
y llora como el niño que ha extraviado la ruta.

MODERNA

Yo danzaré en alfombra de verdura;
ten pronto el vino en el cristal sonoro,
nos beberemos el licor de oro
celebrando la noche y su frescura.

Yo danzaré como la tierra pura,
como la tierra yo seré un tesoro,
y en darme pura no hallaré desdoro,
que darse es una forma de la Altura.

Yo danzaré para que todo olvides
y habré de darte la embriaguez que pides
hasta que Venus pase por los cielos.

Mas algo acaso te será escondido,
que, pagana de un siglo empobrecido,
no dejaré caer todos los velos.

HOMBRE PEQUEÑITO

Hombre pequeñito, hombre pequeñito,
suelta a tu canario que quiere volar…
Yo soy el canario, hombre pequeñito,
déjame saltar.

Estuve en tu jaula, hombre pequeñito,
hombre pequeñito que jaula me das.
Digo pequeñito porque no me entiendes,
ni me entenderás.

Tampoco te entiendo, pero mientras tanto
ábreme la jaula que quiero escapar;
hombre pequeñito, te amé un cuarto de ala;
no me pidas más.

INCURABLE

No me digas, hombre, que debo morirme
porque ya lo sé.
Tanto me lo han dicho, tanto lo repito
que ya me cansé.

Si debo morirme mejor para todos,
mejor para mí.
Mientras tanto canta, cigarra alocada,
liba colibrí.

Florece pradera; trigal ponte espeso.
Me gustas trigal,
me gustas, oh cielo, me gustas aurora,
me gustas rosal.

No sé lo que tengan los mundos de oro
que mis ojos ven…
Alma que divagas, confórmate alegre
con lo que te den.

Mira cómo es bella la noche que reza,
cómo es bello el mar…
Alma que preguntas, sobre sus oleajes
échate a bogar.

Cae de rodillas, alma miserable
que no sabes ver.
Cae de rodillas… Es todo sublime:
el ser y el no ser.

Este cielo es tuyo, es tuya la vida,
sábela tomar.
Aprende una cosa, la que menos sabes,
aprende a gozar.

(Después que todo esto se dice mi alma,
la pobre alma mía se pone a llorar…)

¿Y TÚ?...

Sí, yo me muevo, vivo, me equivoco;
agua que corre y se entremezcla, siento
el vértigo feroz del movimiento:
huelo las selvas, tierra nueva toco.

Sí, yo me muevo, voy buscando acaso
soles, aurora, tempestad y olvido.
¿Qué haces allí misérrimo y pulido?
Eres la piedra a cuyo lado paso.

BIEN PUDIERA SER...

Pudiera ser que todo lo que en verso he sentido
no fuera más que aquello que nunca pudo ser,
no fuera más que algo vedado y reprimido
de familia en familia, de mujer en mujer.

Dicen que en los solares de mi gente, medido
estaba todo aquello que se debía hacer...
dicen que silenciosas las mujeres han sido
de mi casa materna... Ah, bien pudiera ser...

A veces en mi madre apuntaron antojos
de liberarse, pero, se le subió a los ojos
una honda amargura, y en la sombra lloró.

Y todo eso mordiente, vencido, mutilado,
todo eso que se hallaba en su alma encerrado,
pienso que sin quererlo lo he libertado yo.

LA CARICIA PERDIDA

Se me va de los dedos la caricia sin causa,
se me va de los dedos... En el viento, al rodar,
la caricia que vaga sin destino ni objeto,
la caricia perdida, ¿quién la recogerá?

Pude amar esta noche con piedad infinita,
pude amar al primero que acertara a llegar.
Nadie llega. Están solos los floridos senderos.
La caricia perdida rodará... rodará...

Si en los ojos te besan esta noche, viajero,
si estremece las ramas un dulce suspirar,
si te oprime los dedos una mano pequeña
que te toma y te deja, que te logra y se va,

si no ves esa mano ni la boca que besa,
si es el aire quien teje la ilusión de llamar,
oh, viajero, que tienes como el cielo los ojos,
en el viento fundida ¿me reconocerás?

LANGUIDEZ

Está naciendo octubre
con sus mañanas claras.

He dejado mi alcoba
envuelta en telas claras,
anudado el cabello
al descuido; mis plantas
libres, desnudas, juegan.

Me he tendido en la hamaca,
muy cerca de la puerta,
un poco amodorrada.
El sol que está subiendo
ha encontrado mis plantas
y las tiñe de oro…

Perezosa, mi alma
ha sentido que, lento,
el sol subiendo estaba

por mis pies y tobillos
así como buscándola.

Yo sonrío: este bueno
de sol no ha de encontrarla,
pues yo, que soy su dueña,
no sé por dónde anda:
cazadora, ella parte
y trae, azul, la caza…
Un niño viene ahora,
la cabeza dorada…

Se ha sentado a mi lado,
cerrada la palabra;
como yo el cielo mira,
como yo, sin ver nada.
Me acaricia los dedos
de los pies, con la blanca
mano; por los tobillos
las yemas delicadas
de sus dedos desliza…
Por fin, sobre mis plantas
ha puesto su mejilla,
de flor recién regada.

Cae el sol dulcemente,
oigo voces lejanas,
está el cielo muy lejos…
Yo sigo amodorrada
con la rubia cabeza
muerta sobre mis plantas.

…Un pájaro… la arteria
que por su cuello pasa…

HAN VENIDO…

Hoy han venido a verme
mi madre y mis hermanas.

Hace ya tiempo que yo estaba sola
con mis versos, mi orgullo; en suma, nada.

Mi hermana, la más grande, está crecida,
es rubiecita; por sus ojos pasa
el primer sueño. He dicho a la pequeña:
—La vida es dulce. Todo mal acaba…

Mi madre ha sonreído como suelen
aquellos que conocen bien las almas;
ha puesto sus dos manos en mis hombros,
me ha mirado muy fijo…
                         y han saltado mis lágrimas.

Hemos comido juntas en la pieza
más tibia de la casa.

Cielo primaveral... para mirarlo
fueron abiertas todas las ventanas.

Y mientras conversábamos tranquilas
de tantas viejas cosas olvidadas,
mi hermana, la menor, ha interrumpido:
–Las golondrinas pasan...

LA MIRADA

Mañana, bajo el peso de los años,
las buenas gentes me verán pasar,
mas bajo el paño oscuro y la piel mate
algo del muerto fuego asomará.

Y oiré decir: ¿Quién es esa que ahora
pasa? Y alguna voz contestará:
Allá en sus buenos tiempos,
hacía versos. Hace mucho ya.

Y yo tendré mi cabellera blanca,
los ojos limpios, y en mi boca habrá
una gran placidez, y mi sonrisa
oyendo aquello no se apagará.

Seguiré mi camino lentamente,
mi mirada a los ojos mirará,
irá muy hondo la mirada mía,
y alguien, en el montón, comprenderá.

LA QUIMERA

Como los niños iba hacia oriente, creyendo
que con mis propias manos podría el sol tocar;
como los niños iba, por la tierra redonda,
persiguiendo, allá lejos, la quimera solar.

Estaba a igual distancia del oriente de oro
por más que siempre andaba y que volvía a andar;
hice como los niños: viendo inútil la marcha
cogí flores del suelo y me puse a jugar.

LA RONDA DE LAS MUCHACHAS

Venid, muchachas bellas,
el parque alegre está,
formemos una ronda
y demos en cantar.

Venid, el cuerpo envuelto
en un blanco sayal,
venid, los ojos bajos
en divina humildad.

Cegaremos el fauno
que curioseando está,
y luego rodearemos
el mármol Castidad.

Y bajo el cielo limpio
la ronda cantará:
—Dioses, os damos gracias
de cómo nos tratáis.

Desde viejas edades,
¿quién se puede quejar?
Nos crían muy rosadas
para el buen gavilán.

CHARLA

Una voz en mi oído graves palabras vierte:
¿Por qué, me dice, no eres, oh tú, la mujer fuerte?

Es bella la figura de la mujer heroica
cuidando el fuego sacro con su mano de estoica.

Y yo sonrío y digo: la vida es una rueda.
Todo está bien. Lo malo con lo bueno se enreda.

Si unas no parecieran desertoras vestales
en fuga hacia las dulces, paganas bacanales,

las otras no tendrían valor de mujer fuerte:
la vida, al fin de cuentas, se mide por la muerte.

Ya ves: con mis locuras en verso yo he logrado
distraerte un momento y hacerte más amado

el fino y blanco nombre de la mujer que quieres,
reservada y discreta: espuma de mujeres.

¿Qué más pides? Con algo contribuí a tu vida:
Pensaste, comparaste; voló el tiempo enseguida.

Mas ni con eso tengo yo tu agradecimiento.
¡Oh, buen género humano: nunca quedas contento!

CUANDO LLEGUÉ A LA VIDA...

Vela sobre mi vida, mi grave amor inmenso:
cuando llegué a la vida yo traía en suspenso,
en el alma y la carne, la locura enemiga,
el capricho elegante y el deseo que hostiga.

Me encantaban los viajes por las almas humanas,
la luz, los extranjeros, las abejas livianas,
el ocio, las palabras que inician el idilio,
los cuerpos armoniosos, los versos de Virgilio.

Cuando sobre tu pecho mi alma fue apaciguada,
y la dulce criatura, tuya y mía, deseada,
yo puse entre tus manos toda mi fantasía

y te dije humillada por estos pensamientos:
—¡Vigílame los ojos! Cuando cambian los vientos
el alma femenina se trastorna y varía...

VERSOS A LA TRISTEZA DE BUENOS AIRES

Tristes calles derechas, agrisadas e iguales,
por donde asoma, a veces, un pedazo de cielo,
sus fachadas oscuras y el asfalto del suelo
me apagaron los tibios sueños primaverales.

Cuánto vagué por ellas, distraída, empapada
en el vaho grisáceo, lento, que las decora.
De su monotonía mi alma padece ahora.
—¡Alfonsina! —No llames. Ya no respondo a nada.

Si en una de tus casas, Buenos Aires, me muero
viendo en días de otoño tu cielo prisionero
no me será sorpresa la lápida pesada.

Que entre tus calles rectas, untadas de su río
apagado, brumoso, desolante y sombrío,
cuando vagué por ellas, ya estaba yo enterrada.

INÚTIL SOY

Por seguir de las cosas el compás,
a veces quise, en este siglo activo,
pensar, luchar, vivir con lo que vivo,
ser en el mundo algún tornillo más.

Pero, atada al ensueño seductor,
de mi instinto volví al oscuro pozo,
pues, como algún insecto perezoso
y voraz, yo nací para el amor.

Inútil soy, pesada, torpe, lenta.
Mi cuerpo, al sol, tendido, se alimenta
y sólo vivo bien en el verano,

cuando la selva huele y la enroscada
serpiente duerme en tierra calcinada;
y la fruta se baja hasta mi mano.

VERSO DECORATIVO

La niña vio a la luna en el azul estanque
que en medio de los pinos servía de pecera.
(Piernas de cazadora, suelta la cabellera,
y el fino seno blanco celoso de su arranque.)

De un elástico salto llegó junto a la fuente,
hundió las blancas manos, tomó el disco de oro,
y al cargar junto al cuello el redondo tesoro,
la cabellera negra se le tornó luciente.

Y huyó bajo las selvas. Su grito de alegría
hasta los dulces nidos de las aves subía,
e, iluminando el bosque perfumado, la vieron,

cargada de la luna, pasar los abedules,
y siguiendo en el aire la curva de sus tules
ejércitos de pájaros cantando la siguieron.

A UN DESCONOCIDO

En esta tarde de oro, dulce, porque supongo
que la vida es eterna, mientras desde los pinos
las dulces flautas suenan de alados inquilinos,
siento, desconocido, que en tu ser me prolongo.

Los encantados ojos en tu recuerdo pongo:
¿Quién te acuñó los rasgos en moldes aquilinos
y un sol ardiente y muerto te puso en los divinos
cabellos, que se ciñen al recio casco oblongo?

¿Quién eres tú, el que tienes en los ojos lejanos
el brillo verdinegro de los muertos pantanos,
en la boca un gran arco de cansancio altanero,

y a mi pesar arrastras, colgante de tu espalda,
como un manto purpúreo o una roja guirnalda,
por la ciudad del Plata mi corazón de acero?

SALUDO AL HOMBRE

Con mayúscula escribo tu nombre y te saludo,
hombre, mientras depongo mi femenino escudo
en sencilla y valiente confesión de derrota.
Omnívoro: naciste para llevar la cota
y yo el sexo, pesado como carro de acero
y humilde (se delata su función de granero).
Brindo por tu adiestrada libertad, la soltura
con que te sientes hijo claro de la natura,
y lector aplicado de aquel su abecedario
que enseña el solo verbo que es interplanetario.

Mas, no con gesto humilde, instintivo, anhelante,
tu pecho se deforma en boca del lactante.
No se ajusta a tu carne pasajera belleza
que se acrece con artes que lo son de pereza:
tu juventud, más alta, se hace de pensamientos
(las ideas son rosas, y rosas los ungüentos...).
¿No eres el Desligado, Sire, por excelencia?
¡Salud! En versos te hago mi fina reverencia.

ROMANCE DE LA VENGANZA

Cazador alto y tan bello
como en la tierra no hay dos,
se fue de caza una tarde
por los montes del Señor.

Seguro llevaba el paso,
listo el plomo, el corazón
repicando, la cabeza
erguida, y dulce la voz.

Bajo el oro de la tarde
tanto el cazador cazó,
que finas lágrimas rojas
se puso a llorar el sol...

Cuando volvía cantando
suavemente, a media voz,
desde un árbol, enroscada,
una serpiente lo vio.

Iba a vengar a las aves,
mas, tremendo, el cazador,
con hoja de firme acero
la cabeza le cortó.

Pero aguardándolo estaba
a muy pocos pasos yo...
Lo até con mi cabellera
y dominé su furor.

Ya maniatado le dije:
—Pájaros matasteis vos,
y voy a tomar venganza,
ahora que mío sois...

Mas no lo maté con armas,
busqué una muerte peor:
lo besé tan dulcemente
¡que le partí el corazón!

Envío

Cazador: si vas de caza
por los montes del Señor,
teme que a pájaros venguen
hondas heridas de amor.

DOLOR

Quisiera esta tarde divina de octubre
pasear por la orilla lejana del mar;

que la arena de oro, y las aguas verdes,
y los cielos puros me vieran pasar.

Ser alta, soberbia, perfecta, quisiera,
como una romana, para concordar

con las grandes olas, y las rocas muertas
y las anchas playas que ciñen el mar.

Con el paso lento, y los ojos fríos
y la boca muda, dejarme llevar;

ver cómo se rompen las olas azules
contra los granitos y no parpadear;

ver cómo las aves rapaces se comen
los peces pequeños y no despertar;

pensar que pudieran las frágiles barcas
hundirse en las aguas y no suspirar;

ver que se adelanta, la garganta al aire,
el hombre más bello, no desear amar…

Perder la mirada, distraídamente,
perderla, y que nunca la vuelva a encontrar.

Y, figura erguida, entre cielo y playa,
sentirme el olvido perenne del mar.

AGRIO ESTÁ EL MUNDO

Agrio está el mundo,
inmaduro,
detenido;
sus bosques
florecen puntas de acero;
suben las viejas tumbas
a la superficie;
el agua de los mares
acuna
casas de espanto.

Agrio está el sol
sobre el mundo,
ahogado en los vahos
que de él ascienden,
inmaduro,
detenido.

Agria está la luna
sobre el mundo;
verde,
desteñida;
caza tantasmas
con sus patines
húmedos.

Agrio está el viento
sobre el mundo;
alza nubes de insectos muertos,
se ata, roto,
a las torres,
se anuda crespones
de llanto;
pesa sobre los techos.

Agrio está el hombre
sobre el mundo,
balanceándose
sobre sus piernas:

A sus espaldas,
todo,
desierto de piedras;
a su frente,

todo,
desierto de soles,
ciego...

BALADA ARRÍTMICA PARA UN VIAJERO

Yo tenía un amor,
un amor pequeñito,
y mi amor se ha ido.
¡Feliz viaje, mi amor, feliz viaje!

No era muy grande mi amor
no era muy alto;
nunca lo vi en traje de baño;
pero debía tener un cuerpo
parecido al de Suárez.
Mejor dicho, al de Dempsey.

Tampoco era un genio;
se reía siempre, eso sí;
le gustaban los árboles;
acariciaba al pasar
a los niños.

Yo le hubiera regalado
un arco
para que volteara estrellas...
Pero tuve miedo
que alguna
te cayera en la cabeza, lector:
¡son tan grandes!

Anoche mismo se fue;
tomó un vapor
que medía una cuadra:
demasiado grande para él;
no es un gigante.

Ahora lo veo pequeño al buque,
muy pequeño;
me parece solamente
una lanzadera
de máquina de coser
temblando en el filo
de una montaña movible.

Señor camarero,
señor camarero del vapor:
hágale una gran reverencia
cuando lo vea pasar;

estírele bien las sábanas de la cama,
despiértelo con suavidad.

Señorita viajera:
usted, la más hermosa del barco:
mírelo a los ojos con ternura;
dígale con ellos cualquier cosa:
—Me casaría con usted ahora mismo.
o si no: —Vamos a tomar
Juntos el té.

Y usted, señor Río,
no sea imprudente;
pórtese como un caballero
con un hombre que sueña;
un hombre que sueña
necesita cunas,
aun cuando sean de agua.

No he visto nunca
en el Río de la Plata
peces voladores.
Si hay alguno, que no vuele:
no le gustan los peces,
y menos si tienen alas.

Mañana llegará a un puerto,
junto al muelle se parará el vapor:
¡Oh señor Buque, oh estuche
en que mi pequeño amor
hace de diamante:
no trepide mucho al atracar,
no dé brincos!

Él bajará la escalerilla
cantando un foxtrot.
Siempre canta un toxtrot.
Llevará un traje gris
y un sobretodo azul marino.
No se los manche, usted, por Dios,
señor Buque:
mi amor es pobre…

YO EN EL FONDO DEL MAR

En el fondo del mar
hay una casa
de cristal.

A una avenida
de madréporas
da.

Un gran pez de oro,
a las cinco,
me viene a saludar.

Me trae
un rojo ramo
de flores de coral.

Duermo en una cama
un poco más azul
que el mar.

Un pulpo
me hace guiños
a través del cristal.

En el bosque verde
que me circunda
—din don… din dan—
se balancean y cantan
las sirenas
de nácar verdemar.

Y sobre mi cabeza
arden, en el crepúsculo,
las erizadas puntas del mar.

LAS EUMÉNIDAS BONAERENSES

Con el viento que arrastra las basuras
van a dar al suburbio y se deslizan
amarillas por caños de desagüe
y se amontonan en las negras bocas.

Alzan señales en los paredones
y cuelgan, en las largas avenidas,
de los árboles bajos, como arañas,
y en el verdín del puente se esperezan.

¡Guarda! En baldíos, sobre pies pluviales,
si los cruzas al alba te persiguen
y mueven el botón que se te cae.

¡No alces la chapa! Están agazapadas
con el rostro cruzado de ojos grises
y hay una que se escurre por tu sexo.

SUGESTIÓN DE SAUCE

Debe existir una ciudad de musgo
cuyo cielo de grises, al tramonto,
cruzan ángeles verdes con las alas
caídas de cristal deshilachado.

Y unos fríos espejos en la yerba
a cuyos bordes inclinadas lloran
largas viudas de viento amarilloso
que el vidrio desdibuja balanceadas.

Y un punto en el espacio de colgantes
yuyales de agua; y una niña muerta
que va pensando sobre pies de trébol.

Y una gruta que llueve dulcemente
batracios vegetales que se estrellan,
nacientes hojas, sobre el blando limo.

RUEGO A PROMETEO

Agrándame tu roca, Prometeo;
entrégala al dentado de la muela
que tritura los astros de la noche
y hazme rodar en ella, encadenada.

Vuelve a encender las furias vengadoras
de Zeus y dame látigo de rayos
contra la boca rota, mas guardando
su ramo de verdad entre los dientes.

Cubre el rostro de Zeus con las gorgonas;
a sus perros azuza y los hocicos
eriza en sus sombríos hipogeos:

He aquí a mi cuerpo como un joven potro
piafante y con la espuma reventada
salpicando las barbas del Olimpo.

Papel certificado por el Forest Stewardship Council®

Primera edición: marzo de 2021

© 2021, Penguin Random House Grupo Editorial, S.A.U.
Travessera de Gràcia, 47-49. 08021 Barcelona

Printed in Spain – Impreso en España

ISBN: 978-84-397-3799-5
Depósito legal: B-20.682-2020

Compuesto en La Nueva Edimac, S.L.
Impreso en Reinbook Serveis Grafics, S.L.
(Polinyà, Barcelona)

R H 3 7 9 9 5